Louis Duval

Les Recteurs et les Étudiants Ornais en l'Université de Caen

ALENÇON
TYPOGRAPHIE ET LITHOGRAPHIE A. HERPIN
9, RUE DU CYGNE, 9

1901

A M. Léopold Delisle
respectueux hommage
Louis Douais

Louis Duval

Les Recteurs et les Étudiants Ornais en l'Université de Caen

ALENÇON
TYPOGRAPHIE ET LITHOGRAPHIE A. HERPIN
9, RUE DU CYGNE, 9

1901

Les Recteurs et les Étudiants Ornais

EN L'UNIVERSITÉ DE CAEN

Un mouvement qui paraît s'accentuer de plus en plus s'est manifesté depuis trente ans en faveur de la décentralisation, de l'autonomie et des libertés provinciales, municipales et corporatives, en un mot de toutes les libertés compatibles avec l'ordre public. Les vieilles Universités françaises elles-mêmes, qu'on avait cru anéanties en 1790, commencent à sortir de leur sommeil séculaire et plusieurs déjà sont debout. On s'est dit, non sans raison croyons-nous, que si l'industrie, le commerce, le travail en général, jouissent d'une organisation que la politique peut contrarier, mais que dominent des lois économiques inéluctables, les arts, les lettres pouvaient également aspirer à une autonomie complète.

C'est de cette idée qu'est née la jeune Société des amis de l'Université de Normandie, dont la vitalité s'est révélée à tous à l'Exposition universelle de 1900, et cet hiver par des conférences régionales dont nos villes de la région ont largement profité. Mais nulle part, peut-être, l'Université populaire n'a eu plus de succès qu'à Alençon, précisément parce que cette ville se trouve la plus éloignée de ces foyers que nous voudrions voir se rallumer dans toutes nos provinces, pour y renouveler la vie littéraire et y favoriser les travaux scientifiques.

C'est à ce mouvement que nous devons une série de travaux qui tous tendent non plus à détruire, comme en 1790, mais au contraire à restaurer, à agrandir sur un plan approprié aux besoins de la société actuelle, l'œuvre séculaire de nos pères. Dans notre pays, le patriotisme des jeunes amis de l'Université de Normandie a trouvé des auxiliaires naturels parmi les érudits.

Au reste, les hommes des opinions les plus opposées sont appelés à se rencontrer sur ce terrain pacifique. C'est ainsi, par exemple, que le comte Amédée de Bourmont, auquel nous devons un excellent mémoire sur *la Fondation et l'organisation de l'ancienne Université de Caen au quinzième siècle*, donne fraternellement la main à M. Armand Bénet, auteur de deux volumes in-4°, consacrés à l'Inventaire sommaire des actes de l'Université de Caen.

Les nourrissons de l'*Alma mater* ne pouvaient moins faire pour elle que les élèves de l'Ecole nationale des Chartes, et nous venons d'apprendre que M. H. Prentout a soutenu avec succès, devant la Faculté des lettres de Paris, une thèse de doctorat ayant pour sujet : « la Renaissance et la Réforme en l'Université de Caen au seizième siècle. » *Renovatio ac reformatio in Universitate Cadomensi per XVI saeculum.* (Cadomi, Litteris Caroli Valin, MDCCCC, in-8°, XIX-117 p.) (1).

L'Université de Caen compte dans l'Orne, autant que partout ailleurs, de vieux et fidèles amis et de glorieux ancêtres.

La présence d'un haut personnage tel que Robert Bedford, chevalier, bailli d'Alençon, chef de l'administration et de la justice dans le duché, à l'installation de l'Université de Caen, le 18 octobre 1439, est une preuve de l'intérêt que les représentants du roi d'Angleterre s'empressèrent de témoigner au nouvel établissement dont Henri VI, sur les conseils du régent de France, venait de doter la Normandie. Le hasard voulut que le clergé sagien y fût également représenté par un de ses membres, Guillaume de la Barre, curé de Bellou-en-Houlme, notaire impérial. Après le discours d'inauguration prononcé par Jean Foucher, professeur en théologie, gardien des Cordeliers de la province de Rouen, le curé de Bellou monta à son tour, en chaire et constata devant l'assemblée l'authenticité et l'intégrité des trois pièces constitutives de l'Université, la Charte de Henri VI, du mois de janvier 1432, les lettres patentes, en français, données par le même monarque le 15 février 1437 et la bulle du pape Eugène IV, du 19 mai suivant. La bénédiction lui fut alors donnée par le vicaire et official de l'évêque de Bayeux, en signe d'approbation, et il lut à haute voix les documents dont il était dépositaire. Cette proclamation faite, l'Université fut déclarée en possession de ses titres et régulièrement installée. L'abbé de Saint-Etienne de Caen entonna le *Te Deum;* et le curé de Bellou dressa du tout un procès-verbal en règle qui fut confirmé par deux autres notaires impériaux.

(1) En vente à la librairie Jouan, dépositaire de *La Revue Normande*, 111, rue Saint-Pierre à Caen, 1 vol. in-8°, 3 fr. 50.

Nous avons le droit de noter également qu'après l'expulsion des Anglais, c'est encore du pays de Houlme, d'Ecouché, près Argentan, qu'est datée la première charte par laquelle le roi Charles VII prit sous sa protection l'Université fondée par Henri VI (31 juillet 1450).

Il est très certain d'ailleurs, que la publication et la conservation des privilèges de l'Université de Caen, dans toute l'étendue du duché d'Alençon, furent considérées comme essentielles et obligatoires. C'est dans ce but que furent expédiés par la chancellerie royale, le mandement du 27 août 1440 et ceux des 24 février et 9 décembre 1444 (n. s.), adressés aux baillis de Rouen, de Caen, de Caux, de Mantes, d'Evreux, de Cotentin, d'Alençon et de Pont-l'Evêque.

L'Université de Caen apporta même une attention particulière à la conservation de ces privilèges, dans leur intégrité, sur le territoire du duché d'Alençon. Ce qui le prouve, c'est l'empressement qu'elle mit, en 1484, à envoyer une délégation au duc René, comte du Perche, nouvellement délivré des fers dans lesquels il avait langui sous Louis XI, à l'occasion de son entrée solennelle dans ses États.

Après l'avènement de François, duc d'Alençon, fils et frère de roi, un des dignitaires de l'Université, M. Jean Le Paon, écuyer, ancien recteur et docteur régent en la faculté des droits, fut délégué pour demander « que l'Université jouît en tout le duché d'Alençon, comme en l'oultre plus de la duché de Normandie, ainsy qu'elle faisoit anciennement de tous ses privilèges et libertés. » La requête fut présentée à Messieurs de l'Echiquier d'Alençon et à messire Henri de Beaune, chancelier du duc d'Alençon, évêque de Mende. La mission de Jean Le Paon, auquel une allocation fut allouée à cet effet, avait, en outre, pour but de donner ordre à un procès pendant à Alençon, comme l'attestait une ordonnance du 29 mars 1572.

Le nombre des conservateurs ecclésiastiques des privilèges de l'Université fut limité à deux, à savoir les évêques de Lisieux et de Coutances, par la bulle du pape Eugène IV, du 19 mai 1439. Le rédacteur du Tableau ou Mémorial des Rectories, n'en a pas moins eu soin de noter, à l'article du second recteur, Jean l'Enfant, du 1er avril 1439 au 24 mars 1440, que le chef de l'Université fut assisté dans ses actes, en qualité de juré, par Me Robert Cornegrue, originaire du diocèse de Sées, qui depuis, dit-il, « fut promu, par voie d'élection, au siège épiscopal de cette vénérable cité. »

Robert Cornegrue, qui avait obtenu en l'Université le grade de maître ès arts, se montra généreux envers elle. En 1472, il chargea Me Gilles de Poitiers, de présenter en son nom à cette illustre compagnie, un magnifique volume, tout nouvellement écrit, relié avec le plus grand soin et enrichi de lettres ornées, dont une description détaillée fut insérée dans ses registres. On y note même que le travail de l'enlumineur n'était pas entièrement achevé et qu'il restait à faire huit grandes lettres qui devaient figurer au commencement des huit premiers livres de l'ouvrage que renfermait le manuscrit. Cet ouvrage, dont l'importance nous échappe aujourd'hui, était la *Somme Astesane*, composée au commencement du quatorzième siècle par un religieux franciscain, originaire de la ville d'Asti, en Piémont, qui selon l'usage des disciples de saint François d'Assise, avait pris le nom de sa ville natale. La présentation en fut faite solennellement, en présence de toute l'Université assemblée, et des actions de grâce furent rendues à l'auteur de cet acte de munificence auquel furent adressées des lettres de remerciement. Il fut, en outre, ordonné qu'à titre de reconnaissance, l'Université, ferait célébrer un obit solennel le premier vendredi de carême, pour le repos de l'âme des parents défunts de Robert Cornegrue. Un écu d'or fut enfin offert à Gilles de Poitiers, pour le remercier de l'offrande, par lui faite, de ce précieux volume, au nom de l'évêque de Sées.

Le nom de Robert Cornegrue est donc à ajouter à ceux des évêques, amis des lettres, que le diocèse de Sées a eu le privilège de posséder en si grand nombre.

L'exemple de Robert Cornegrue fut suivi par un de ses collaborateurs, Roger d'Estampes, comme lui connu par son érudition, docteur *in utroque jure* et vice-chancelier de l'Université. Le 11 janvier 1482, il donna à la bibliothèque naissante de cette Université cinq manuscrits de Bologne et la première partie du Dictionnaire. Des actions de grâce sans nombre furent décernées à ce nouveau bienfaiteur, et ses livres, au mois d'octobre suivant, furent placés dans la bibliothèque.

Si nous parcourons la liste des recteurs, nous y trouvons un assez bon nombre de noms ornais.

1. Guillaume de Villette, docteur ès lois, originaire du diocèse de Sées, le 14 octobre 1447. Parmi les jurés de sa rectorie on cite frère Louis Le Brasseur, religieux de l'abbaye de Silly-en-Gouffern et frère Olivier Regnault, prêtre, prieur du prieuré de Notre-Dame de Briouze.

2. Richard Le Héricé, maître ès arts et bachelier en théologie, nommé le 24 mars 1450. C'est sous son décanat que Charles VII, par lettres patentes données à Ecouché, le 30 juillet 1450, confirma provisoirement l'Université de Caen, à l'exception de la Faculté de droit civil, contre l'établissement de laquelle avait protesté, dès l'origine, l'Université de Paris qui n'en avait pas elle-même dans ses écoles.

La famille Le Héricé était représentée à Caen dès la fin du quatorzième siècle. Nous la trouvons au seizième établie dans le Passais.

3. Jean Osmond, curé de Sainte-Croix-sur-Orne, fut trois fois recteur, en 1471, 1487 et 1513.

4. Jean Lirondel, docteur en l'un et l'autre droit, originaire du diocèse de Sées, succéda à Jean Osmond en 1488.

5. André Dupuis, du même diocèse, maître ès arts et licencié ès droit, curé de Juvigni-sur-Orne, fut recteur en 1499.

6. Jean de Magny fut recteur en 1502.

7. Pierre de Magny fut recteur en 1503.

8. Jean Le Hayer, d'Alençon, licencié ès lois et en théologie, fut recteur de 1504 à 1505.

9. Jean Gaudin, docteur ès lois, bachelier en droit canon, curé du Douet-Artus (ancienne paroisse du canton de la Ferté-Fresnel, réunie à Heugon), fut recteur en 1509.

10. Antoine des Buaz, curé de Chênedouit et de Gâprée (1), lui succéda en 1510. Il se signala, pendant et après son rectorat, par son zèle pour les intérêts de l'Université. Dans une assemblée, tenue le 1er octobre 1509, il réclama l'exécution du testament de Me David Le Piloys, qui avait légué à l'Université trois volumes d'un ouvrage intitulé *Le Speculator* et trois autres volumes, contenant le *Repertorium Bertachin (?)* Par le même acte, rédigé par-devant notaire, il demanda que ces volumes fussent déposés à la bibliothèque commune.

11. Robert Barrey, licencié en théologie, curé de Sainte-Céronne-lès-Mortagne, chapelain de Saint-Thomas d'Argentan, succéda en 1514, à Jean Osmont, recteur en 1513, comme on l'a vu.

12. Laurent Merie, maître ès arts, bachelier en droit civil, curé du Mesnil-Hermei, fut recteur en 1516.

(1) Ce personnage pourrait être le même qu'Antoine des Buats, curé de Grisy, maintenu noble en 1498 (Henri Le Court. *Généalogie de toutes les branches de la maison du Buat*. Lisieux, E. Lereboux, in-4°, p. 23).

13. Antoine du Londel, licencié en droit civil, originaire du diocèse de Sées, fut recteur en 1527.

Nous citons seulement pour mémoire Michel Le Porchier, de Bons, au diocèse de Sées, professeur d'écriture sainte, quatre fois recteur, en 1536, 1543, 1557 et 1581. Bons, en effet, depuis 1790, fait partie du département du Calvados ainsi que tout le territoire des anciens doyennés de Falaise, Aubigni et Saint-Pierre-sur-Dives, jadis du diocèse de Sées et de la généralité d'Alençon.

14. Pierre Auvray, licencié en droit, curé de Gisnai (canton d'Exmes), principal du Collège des Arts, fut recteur en 1541.

15. Jean Godart, de la Carneille, docteur en la Faculté de médecine, fut recteur en 1545.

16. Henri Moisy (*Mosœus*), docteur en théologie, originaire du diocèse de Sées, fut cinq fois recteur en 1553, 1563, 1565, 1568 et 1572.

17. Nicolas Hérembert, qui occupa le poste de recteur du mois de mars 1573 au mois d'octobre 1574, paraît appartenir également au diocèse de Sées, bien que nous n'ayons aucun renseignement positif sur son origine. A la même époque, en effet, existait à Argentan une famille de ce nom qui, depuis la fin du seizième siècle, a produit une succession d'hommes distingués dans la magistrature, dans les lettres et dans l'Eglise. En 1599, Jacques Hérembert, sieur de la Rivière, lieutenant civil et criminel du bailli d'Alençon en la vicomté d'Argentan, eut l'honneur de dédier une œuvre littéraire qu'il venait de publier, à Marguerite, duchesse de Lorraine, veuve du duc de Joyeuse, engagiste du domaine d'Argentan. Ce livre, imprimé à Rouen, est intitulé *Les Adventureuses et fortunées amours de Pandion et d'Ionice*, tirées des auteurs *grecs*. Cet ouvrage paraît avoir été composé et dédié à la dame d'Argentan à l'occasion de son second mariage avec le duc de Luxembourg de Piney, qui eut lieu précisément en 1599.

Nous sommes portés à supposer que le recteur de 1574, Nicolas Hérembert, appartient à la même famille.

Les Sagiens, il faut le reconnaître, n'étaient pourtant pas les plus nombreux sur les bancs de l'Université de Caen à cette époque. En 1546, par exemple, ils n'étaient que *treize*, alors que Rouen en avait fourni seize, Lisieux dix-sept, Coutances vingt, et Bayeux dix-huit. Mais il ne faut pas oublier que Grégoire Langlois, évêque du Mans, avait fondé, à la fin du quatorzième siècle, en faveur des étudiants du diocèse de Sées et de ceux de l'archidiaconé du Passais, dont il était originaire, deux collèges, l'un à Angers, qui un siècle avant la ville de Caen avait eu l'avantage de posséder une Université, l'autre à Paris, rue de la Harpe, connu sous le nom de collège de Sées.

18. Pierre Boisteau, originaire de Laigle, professeur ès arts, fut élu recteur le 20 mars 1620. Il a mérité d'obtenir une mention à part dans l'histoire de l'Université de Caen, comme y ayant fait refleurir les études, interrompues par la guerre civile. Lors de l'entrée de Louis XIII à Caen, au mois de juillet de cette année, il fut chargé de haranguer le roi au nom de la ville. Il profita de cette occasion favorable pour recommander à Sa Majesté les intérêts de la Compagnie dont il était le chef. La réponse du jeune roi, brève, mais vive comme celle de Henri IV, son illustre père, vaut la peine d'être citée.

« Je ne peux vous parler longtemps; je vous remercie de votre bonne volonté; je maintiendrai vos privilèges. »

Pierre Boisteau, en récompense des services par lui rendus à l'Université, fut réélu recteur au mois d'octobre 1620 et remplit ces fonctions une troisième fois, du mois d'octobre 1623 au mois de mars 1624. Il fut député du clergé du bailliage de Verneuil aux Etats provinciaux tenus à Rouen en 1638 et succéda en 1622 comme curé de Saint-Martin de Laigle à Jacques Myard, qui remplissait cette charge lorsque Louis XIII s'arrêta à Laigle en se rendant de Caen à Angers au mois de juillet 1620.

19. Le dernier nom que nous ayons à mentionner dans cette liste est celui de Jacques-François Boisne, né à Taillebois (canton d'Athis), professeur d'éloquence au collège du Bois, recteur, du mois de mars 1752 au 26 septembre 1753, date de sa mort. Comme il était alors revêtu de la dignité de recteur, son inhumation eut lieu en grande pompe et toute l'Université y assista. On a de lui le discours qu'il prononça le 20 mars 1749 à l'occasion du traité d'Aix-la-Chapelle conclu par Louis XV : *Ludovico XV°, pacificatori, oratio*, Cadomi, J.-C. Pyron, 1749, in-4°.

J.-F. Boisne fut en outre souvent chargé de prononcer, au nom de l'Université, dans diverses circonstances solennelles, des discours qui toujours furent vivement applaudis. C'est à lui que revient l'honneur de célébrer publiquement la victoire de Fontenoy et d'exprimer la joie publique lors de la naissance du duc de Bourgogne, petit-fils de Louis XV. Pendant son rectorat, il eut à parler au moins une dizaine de fois en public, notamment au concours du Palinod de 1752, à la mort de M. de la Briffe, intendant de Caen, et à l'entrée solennelle de son successeur, M. de la Briffe. « On se parla en latin, dit la *Chronique de Caen*, comme cela se devoit, et ce que l'on se dit fut court, fin et délicat (1). »

Cette nomenclature, toute sèche qu'elle est et forcément incomplète, nous permet d'affirmer que depuis son origine jusqu'à la fin du dix-huitième siècle, les Sagiens ont tenu une place assez honorable dans l'Université de Caen et qu'ils méritent que nous nous souvenions d'eux, aussi bien par exemple que les étudiants manceaux auxquels notre confrère M. Robert Triger a eu l'heureuse pensée de consacrer une excellente notice dans la *Revue du Maine*.

Les noms ornais que l'on peut relever parmi ceux des gradués ou des officiers de l'Université de Caen depuis 1440, nous fourniraient une ample et curieuse nomenclature, si nous entreprenions d'en faire un dénombrement complet. Un travail de ce genre a été exécuté avec beaucoup de soin par M. Robert Triger, pour les Manceaux. Nous allons simplement, pour donner une idée du recrutement varié du personnel universitaire, indiquer le lieu d'origine ou de résidence d'un certain nombre d'étudiants, de licenciés et de docteurs, que l'Orne a le droit de revendiquer comme siens. Nous nous contenterons, d'ailleurs, pour l'exécution de cet index sommaire, des excellentes analyses des actes des recteurs, données par M. Armand Bénet, dans son *Inventaire des Archives de l'Université de Caen* et des précieuses notes de M. Triger, en ce qui concerne les étudiants originaires ou habitants du Passais normand, partie intégrante du territoire de l'Orne.

Parmi l'une des plus curieuses rencontres qu'il m'a été donné de faire au cours de ces dépouillements, je citerai celle de frère Olivier Maillard, prieur de la Ferté-Macé, de 1451 à 1457. Frère Olivier Maillard figure comme juré, à l'article de la rectorie de Michel François en 1441. On lui assigne comme lieu d'origine le diocèse de Saint-Malo. On est autorisé à se demander si cet étudiant de l'Université

(1) P. Bernier. *Essai sur le Tiers État rural ou les Paysans de Basse-Normandie au XVIIIe siècle*, pp. 231-261.

de Caen ne serait pas le fameux cordelier qui prêcha successivement devant la Cour du roi Louis XI et devant celle du duc de Bourgogne et dont les sermons tour à tour audacieux et bouffons, à l'instar de ceux de frère Gabriel Barletta et de frère Michel Menot, réjouirent le cœur de nos pères.

Deux circonstances paraissent contrarier cette supposition. En premier lieu, suivant M. A. de La Borderie, éditeur des *Œuvres françaises d'Olivier Maillard* et suivant le marquis de Roure (*Analecta biblion*) le prédicateur de Louis XI est né non pas à Saint-Malo, ni à Paris, comme le dit Moreri, mais à Nantes. En second lieu, il paraît que c'est de la faculté de théologie de Paris qu'il reçut le bonnet de docteur.

M. le comte G. de Contades, auteur d'une intéressante notice sur le prieuré de la Ferté-Macé, a ignoré la présence, tout au moins momentanée, d'Olivier Maillard et de Charles Maillard, son successeur, sur les bancs de l'Université de Caen, fait important, croyons-nous, car il peut aider à expliquer comment deux clercs, originaires de Bretagne, sont devenus titulaires d'un prieuré du Passais dépendant de l'abbaye de Saint-Julien de Tours. M. de Contades, pour étayer son opinion sur l'identité de l'audacieux prédicateur et du prieur de La Ferté-Macé, a dû se contenter d'un argument assez faible, à savoir que pour remonter vers Paris, l'étudiant breton devait passer par Tours. Or, dit-il, il n'est pas impossible qu'il y ait trouvé quelque protecteur, ayant assez de crédit auprès de l'abbé de Saint-Julien pour obtenir de lui une nomination à l'un des bénéfices dont il pouvait disposer. M. de Contades fait remarquer en outre qu'Olivier Maillard résigna son bénéfice à l'un de ses parents, Charles Maillard, en 1460, et que c'est juste à cette date seulement que commencèrent ses prédications.

Il est un autre argument que nous croyons digne d'attention. L'établissement des religieuses de l'*Ave Maria* dans le couvent construit en 1498 par la bienheureuse Marguerite de Lorraine, duchesse d'Alençon, dans l'Ile du Jaglolay, à Alençon, eut lieu le dimanche 8 juillet 1501. Or, le provincial des Franciscains de l'Observance qui présida à cette cérémonie, est précisément le R. P. Olivier Maillard, mort l'année suivante, à l'âge de soixante-douze ans.

Sans oser nous prononcer définitivement, nous pensons que les concordances de prénoms, de dates, les rapprochements de lieux que nous signalons, valent la peine, en tous cas, d'arrêter l'attention des curieux de l'histoire littéraire et de l'histoire religieuse.

Cette digression, en tous cas, a du moins l'avantage de rompre la monotonie des nomenclatures que nous avons commencé à dérouler et qu'il nous reste à poursuivre en parcourant les rangs des jurés des rectories et des gradués, et en les présentant dans l'ordre topographique.

Alençon. — 1459, Jean Le Poetevin, prieur. — 1460, Jean du Bouillon, prieur. — 1629, Siméon Le Coustelier, seigneur de Beaumont, avocat et professeur en l'université (D, 99 et 138). — 1653, René Mevrel, docteur en médecine (D, 85). — 1653, Israël Cardel des Marettes, docteur en médecine (D, 85). — 1721, Antoine-François Le Rouillé de Préaux, prêtre (D, 165, 541). — 1728, Jacques-Guillaume Blessebois de la Garenne, acolyte.

Argentan. — 1460, J. Le Fevre, messager en la vicomté (D, 65). — 1480, Guyot Pitard, avocat du roi à Argentan. — 1639, Michel Boulay, docteur en théologie de Paris, professeur en l'université de Caen, décédé en 1662, du couvent de Saint-Dominique d'Argentan. — 1723, Jacques Godéchal, du couvent de Saint-Dominique d'Argentan, docteur en théologie de Paris. — 1748, Charles Le Fessier du Longchamp, officier de l'université (D, 146). — 1760, Jacques-Guillaume Prouverre de la Pommerie, diacre (D, 146, 551, 552). — 1777, 14 mai, doctorat de Louis-François Godéchal, prêtre.

Argentelles. — 1498, Robert d'Argentelles, curé de Calmesnil.

Athis. — 1644, Georges Halley, prêtre, maître ès arts. — 1669, Jacques Le Sénécal, curé, notaire apostolique, scribe de l'université (D, 109). — 1753, Claude-François Auvray, écuyer, sieur de la Poupelière (D, 146).

Avenelles. — 1450, Gervais Pinel, curé d'Avenelles (D, 89).

Barville. — 1714, examen de Jean Blavette, diacre. — 1723, Louis-Charles de Barville, sous-diacre de Sées.

Beaulieu. — 1554, Jacques Osmond, curé (D, 89).

Berjou. — 1446-1449, Jean de Verson, maître ès arts, curé de Berjou (D, 149). — 1571, François Bourget, syndic de l'université, curé de Berjou. — 1599, 20 octobre, licence en droit canon de Thomas Le Febvre, écuyer, fils de Gabriel.

Brieux. — 1470, Guillaume d'Orliens, prieur de Brieux (D, 89).

Briouze. — 1447, Olivier Regnault, prieur de Briouze.

Cahan. — 1696, Gervais de Prépetit, écuyer, sieur de Cahan, procureur du roi en l'élection de Caen (D, 93).

Carrouges. — 1504, Jean Rouxel, prêtre, chanoine de Notre-Dame-du-Bonconfort (D, 89). — 1717, Jean Turpin de Servinières (D, 163).

Chaux (La). — 1443, Michel Le Verrier (D, 89). — 1472, Jean Le Verrier (D, 89). — Famille noble que l'on trouve à La Chaux, à Saint-Brice-sous-Rânes, à Treize-Saints, à la Sauvagère et à Champsecret, dans le département de l'Orne, à Ambrières et à Cigni dans la Sarthe (V. *La Chaux, Notes et Souvenirs*, par le comte G. de Contades 1888).

Ciral. — 1462, Guillaume Le Portier, curé (D, 89).

Coudehard. — 1448, Guillaume Belin, curé de *Alnoperforata* (Aune-Perée, ou Coudehard).

Courgeron. — 1461, Martin Heurtault (D, 89).

Courtomer. — 1728, Thomas Calimas, gradué, curé de Courtomer, l'auteur des *Mémoires pour servir à l'histoire du diocèse de Sées.*

Damigni. — 1728, Jean Hébert, chapelain de la Présentation de Damigni (D, 167).

Domfront. — 1448, Guillaume Pitard (D, 89). — 1462, Jean Boherel, prieur de Notre-Dame-sur-l'Eau (D, 89). — 1478, Pierre Le Rée, prêtre (D, 89). — 1507, Michiel Le Fevre, messager (D, 64). — 1515, Philippe La Longy, messager. — 1702, Ange-Joseph Doynel de la Sausserie, prieur de Notre-Dame-sur-l'Eau, moine de Saint-Victor-en-Caux. — 1704, Guillaume Thibault, gradué (D, 547).

Durcet. — 1474, Raoul Anzray, religieux du Plessis-Grimoult. — 1501, Jacques Anzeray, écuyer.

Echalou. — 1520, Gilles Lamy, curé (D, 89).

Ecouché. — Jean Aubert, curé immatriculé en 1604. — 1760-1778, Joachim-Charles-Auguste Belzais de Courmesnil.

Exmes. — 1444, Robert Le Chien, archidiacre (D, 89). — 1707-1716, Louis Cally, gradué (D, 160). — 1724, Gaspard de l'Ecluse (D, 550). — 1740, Jacques-René de l'Ecluse, prêtre, bachelier (D, 551).

Fel. — 1705, René-Louis-Sébastien de Bardoul de Fel, sous-diacre. — 1727, Jacques-François-Charles de Bardoul de Charleval, écuyer, diacre.

Ferrière-aux-Etangs (La). — 1500, Joachim de la Ferrière (R, T).

Ferté-Macé (La). — 1441, Fr. Olivier Maillard (D, 89). — 1454, Fr. Charles Maillard, prieur (D, 89).

Flers. — 1455, Jean Gondouin, curé (D, 89). — 1723, Jean Challemel, prêtre.

Forêt-Auvrai (La). — 1493, Robert Fortin, prieur (D, 89).

Fresnai-le-Buffard. — 1717, Charles de Bodinet de Fresné, gradué.

Gacé. — 1651, Jacques Ferrière, doyen ou archiprêtre de Gacé. gradué.

Genevraie (La). — 1483, Gui de Hallenvilliers, prieur (D, 89).

Goulet. — 1736, Dom Bunel, prieur de Goulet, secrétaire de l'université.

Haute-Chapelle (La). — 1533, Nicolas Ledin. — 1727, Charles Doynel de la Sausserie, clerc.

Heugon. — 1519, Guillaume Le Cerf, curé (D, 89).

Laigle. — 1479, Michel de Courdemanche, messager de l'université. — 1760, Léonor Lefévre, sous-diacre, gradué (D, 170).

Lande-Patri (La). — 1743, Julien Hodierne (D, 527).

Lonlai-l'Abbaye. — 1442, Fr. Richard du Jardin, religieux (R, T). — 1490, Michel Le Court (R, T). — 1649, Gabriel de Malfilastre (R, T, D, 89).

Marmouillé. — 1515, Jean Chardon. — 1738, Pierre-Guillaume Chardon, gradué, pourvu de la chapelle de Saint-Jean-l'Evangéliste, en la cathédrale de Sées.

Merri. — 1591, Etienne Besnier, gradué, curé (D, 147).

Mesnière (La). — 1717, Jean-Louis de Puisaye, prêtre (D, 545),

Mesnil-de-Briouze (Le). — 1504, Guillaume de Laval, prieur (D, 89).

Mesnil-Froger. — 1455, André des Moulins, curé.

Mortagne. — 1470, Pierre Halleville, licencié en décrets, archidiacre du Corbonnais (D, 89).

Motte-Fouquet (La). — 1487, Jean de la Motte. — 1474, Antoine de Lespinasse, prieur (D, 89).

Moulins-la-Marche. — 1713, Jean Bayard de la Vingtrie, diacre (D, 161).

Moulins-sur-Orne. — 1722, Barbot de Bellœuvre, sous-diacre.

Passais. — 1487, Michel Milon, curé (D, 89).

Saint-Bômer-les-Forges. — 1759, Roussel de la Bérardière, avocat du roi au bailliage et siège présidial, nommé juge honoraire du Palinod (D, 79).

Saint-Evroult-Notre-Dame-du-Bois. — 1480, Guillaume Fouqueron, curé, gradué.

Saint-Denis-de-Briouze. — 1469, Mathieu Hervé, curé (D, 89, p. 15).

Saint-Gilles-des-Marais. — 1440, Michel Jourdain, prêtre, curé.

Saint-Nicolas-sur-Orne. — 1461, Gilles Belhommet, religieux de l'ordre de Prémontré, curé de Saint-Nicolas-sur-Orne.

Saint-Ouen-sur-Iton. — Pierre Le Febvre.

Saint-Sauveur-de-Carrouges. — 1463, Raoul Challenge, curé.

Sauvagère (La). — 1485, Gilles de Magny de la Sauvagère (D, 89).

Sées. — 1444, Guillaume Le Cordier, abbé de Saint-Martin-de-Sées (D, 89). — 1457, Guillaume l'Arguenger, abbé de Saint-Martin-de-Sées (D, 89). — 1479, Richard Rubard, archidiacre, id. — 1492, Guillaume de Beauvoir, religieux de Saint-Martin de Sées. — 1497, Jacques de Silly, protonotaire apostolique, plus tard évêque de Sées (D, 85). — 1609, Pierre Dupray, drapier, messager de l'Univ., condamné à résider à Sées. — 1650, Noël Rivières et Robert de Compoger, messagers (D, 67). — 1704, Louis-Azor Fauvel, gradué (D, 547). — 1726, Hérouard, archidiacre de Sées (D, 75).

Silli. — 1447, Louis Le Brasseur, religieux (D, 89). — 1455, Maurice de Magny, abbé (D, 89). — 1471, Jean de la Rue, religieux (D, 89).

Soligni. — 1757-1720, Michel Fourrier de Lille, bachelier en théologie, curé de Saint-Germain de Soligni, archidiacre de Sées (D, 163).

Tanville. — 1456, Silvestre Guérin, curé (D, 89).

Torchamp. — 1469, Jacques de Villette (D, 89).

Tourailles (Les). — 1475, Jean Turgot (D, 89). — 1540, Me Antoine Turgot, id. — 1576, Louis Turgot, sgr des Tourailles, cons. au Présidial de Caen (D, 219). — 1700, Charles-Claude Turgot, ch[r]., seigneur patron des Tourailles (D, 47).

Vimoutiers. — 1706, Denis Le Blanc, gradué (D, 159).

Vrigny. — 1758, Jean-Jacques Vauquelin, marquis de Vrigny, maire de Caen, juge honoraire du Palinod, officier de l'Univ. (D, 79 et 146).

Yveteaux (Les). — 1506, Raoul des Yveteaux (D, 89).

Parmi les gradués du diocèse de Sées sur lesquels nous n'avons que des renseignements incomplets, nous trouvons :

1704-1706, Guillaume Got, du diocèse de Sées (D, 158). — 1719-1721, Claude de Saint-Martin-de-la-Villette, prêtre du diocèse de Sées. -- Charles-François de Seronne, écuyer, diacre du diocèse de Sées (D, 164).— Gabriel Barbot de Bellœuvre, sous-diacre du diocèse de Sées (D, 165). — 1723-1726, Alexandre-Charles-Jacques Ruel de Sourouvre, diocèse de Sées (D, 166. — Louis-Charles de Barville, sous-diacre. — Jean Challemel, du diocèse du Mans. — Louis Lefrou d'Ecoville, de Sées (D, 166). — 1728-1738, Nicolas-Alexandre de la Noe, Robert, prêtre du diocèse de Sées. — Joseph de Baudemont, prêtre de Sées. — Jacques de Fréard, id. — Jacques de Mesenge de Grandchamp, diacre de Sées. — Laurent-François Chibourg, diacre de Sées. — Thomas Janne de Courchamp, sous-diacre de Sées (D, 168). — 1760-1778, Philippe-Urbain de Vilade, prêtre de Sées. — 1760-1778, Jean-Jacques-Claude-René de Saint-Martin de la Villette, diacre du diocèse de Sées (D, 170).

1757-1767, Thèsede-Jacques Grandpré, de Sées, qui donna lieu à des polémiques dont il est fait mention dans les registres de l'Université, où les curieux pourront les trouver (D, 362).

Alençon. — Imprimerie A. Herpin, 9 et 11, rue du Cygne.

www.ingramcontent.com/pod-product-compliance
Lightning Source LLC
LaVergne TN
LVHW010315230826
846091LV00009B/3664